Descubramos
CUBA

Kathleen Pohl

Consultora de lectura: Susan Nations, M.Ed.,
autora, consultora de alfabetización/consultora de desarrollo de la lectura

Gareth Stevens
Publishing

Please visit our web site at **www.garethstevens.com**.
For a free color catalog describing Gareth Stevens Publishing's list
of high-quality books, call 1-800-542-2595 (USA) or 1-800-387-3178 (Canada).
Gareth Stevens Publishing's fax: 1-877-542-2596

Library of Congress Cataloging-in-Publication Data

Pohl, Kathleen.
  [Looking at Cuba. Spanish]
  Descubramos Cuba / por Kathleen Pohl ; consultora de lectura, Susan Nations.
    p. cm. — (Descubramos países del mundo)
  Includes bibliographical references and index.
  ISBN-10: 0-8368-9060-4   ISBN-13: 978-0-8368-9060-0 (lib. bdg.)
  ISBN-10: 0-8368-9061-2   ISBN-13: 978-0-8368-9061-7 (softcover)
  1. Cuba—Juvenile literature.   I. Nations, Susan.   II. Title.
  F1758.5.P6418   2009
  972.91—dc22   2008018845

This edition first published in 2009 by
Gareth Stevens Publishing
A Weekly Reader® Company
1 Reader's Digest Road
Pleasantville, NY 10570-7000 USA

Senior Managing Editor: Lisa M. Herrington
Senior Editor: Barbara Bakowski
Creative Director: Lisa Donovan
Designer: Tammy West
Photo Researcher: Charlene Pinckney

Spanish Edition produced by A+ Media, Inc.
Editorial Director: Julio Abreu
Chief Translator: Adriana Rosado-Bonewitz
Associate Editors: Janina Morgan, Rosario Ortiz, Bernardo Rivera, Carolyn Schildgen
Graphic Design: Faith Weeks

Photo credits: (t=top, b=bottom, l=left, r=right, c=center)
Cover Cynthia Carris Alonso; title page Cynthia Carris Alonso; p. 4 Gavin Hellier/Jon Arnold Images/
Alamy; p. 6 Patrick Frilet/Hemis/Corbis; p. 7t Günter Flegar/imagebroker/Alamy; p. 7b Donald Nausbaum/
Corbis; p. 8t Cynthia Carris Alonso; p. 8b Jose Fuste Raga/Corbis; p. 9 Enrique de la Osa/epa/Corbis;
p. 10 Peter Adams Photography/Alamy; p. 11t John Birdsong/CFW Images; p. 11b Rod McLean/Photographers
Direct; p. 12 John Birdsong/CFW Images; p. 13t Peter Turnley for Harper's/Corbis; p. 13b Bob Sacha/Corbis;
p. 14 Jose Fuste Raga/Corbis; p. 15t Cynthia Carris Alonso; p. 15b Lee Lockwood/Time Life Pictures/Getty Images;
p. 16 CFW; p. 17t Steven Vidler/Eurasia Press/Corbis; p. 17b John Sylvester/Alamy; p. 18 David Norton/Alamy;
p. 19t adam eastland /Alamy; p. 19b Ilan Hamra/dpa/Corbis; p. 20t Melvyn Longhurst/Alamy; p. 20b John Birdsall/
CFW Images; p. 21 Shutterstock; p. 22 Peter Adams/Corbis; p. 23t Rainer Hackenberg/zefa/Corbis; p. 23b Cindy Karp/
Getty Images; p. 24 Enrique de la Osa/EFE/epa/Corbis; p. 25t Chris Howes/Wild Places Photography/Alamy;
p. 25b Cynthia Carris Alonso; p. 26 Shutterstock; p. 27t A. Roque/AFP/Getty Images; p. 27b Ferruccio/Alamy

Printed in the United States of America

1 2 3 4 5 6 7 8 9 11 10 09 08

Contenido

Las palabras definidas en el glosario están impresas en **negritas** la primera vez que aparecen en el texto.

¿Dónde está Cuba?

Cuba es una isla al sur de Estados Unidos. Su nombre completo es la República de Cuba. Está formada por una isla grande y miles de pequeñas. La mayoría de los cubanos viven en la isla grande, que es como del tamaño del estado de Pensilvania.

¿Lo sabías?

Cuba está a unas 90 millas (145 kilómetros) al sur de Cayo Hueso, Florida.

NORTEAMÉRICA

ESTADOS UNIDOS

Océano Atlántico

CUBA

Océano Pacífico

SUDAMÉRICA

Cuba es la isla más grande de las Antillas.

El antiguo edificio del Capitolio Nacional de La Habana fue alguna vez el centro de gobierno. Ahora es el hogar de la Academia de Ciencias.

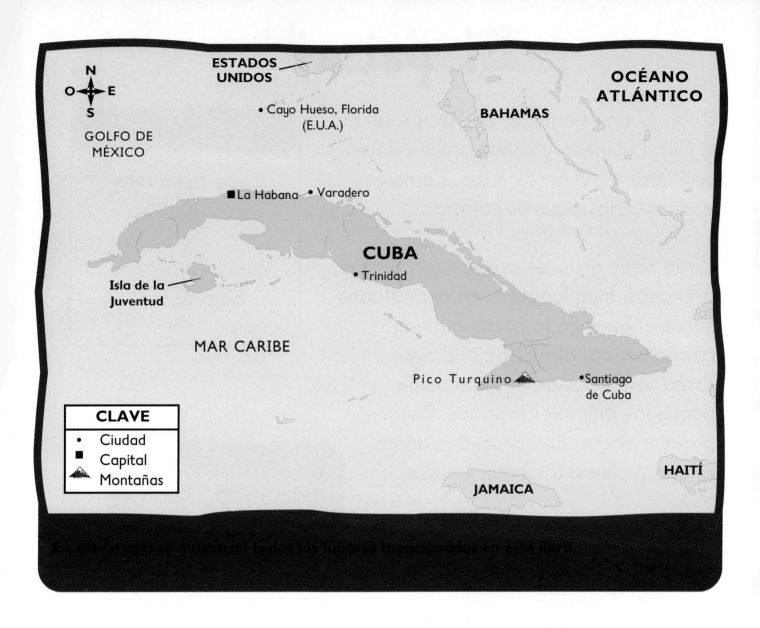

En este mapa se muestran todos los lugares mencionados en este libro.

El mar Caribe se extiende al sur de Cuba. El océano Atlántico está al noreste. El golfo de México está al noroeste. Cuba tiene otras islas vecinas. Incluyen Bahamas al norte, Jamaica al sur y Haití, al este de Cuba.

La Habana es la capital de Cuba. Tiene unos 500 años de antigüedad. Es el centro del gobierno, del comercio y de las artes.

El paisaje

Cuba es una hermosa isla **tropical**. En el clima húmedo y cálido crecen flores brillantes y palmeras altas. También viven muchos pájaros coloridos.

Cuba tiene grandes **costas** con playas arenosas. Hay lugares con acantilados sobre el mar. En la costa sur hay **arrecifes coralinos** bajo el agua. Están formados de esqueletos de pequeños animales marinos. Pueden parecer rocas. En las cálidas aguas nadan delfines, tortugas y peces.

¿Lo sabías?

Cuba tiene más de 200 ríos. Han formado cuevas y túneles bajo tierra.

Cuba es famosa por sus playas de arena blanca y mares brillantes.

Puede haber unos flamencos en el zoológico. ¡Estas grandes aves rosadas son comunes en Cuba!

En el oeste hay colinas parecidas a hogazas de pan.

La segunda isla más grande de Cuba es la Isla de la Juventud. Es famosa por sus playas de arena negra y grandes bosques de pino.

Gran parte de Cuba es plana o de planicies ligeramente onduladas. Las montañas se elevan en tres áreas de la isla principal. Pico Turquino, al sureste, es la más alta. Al oeste, las colinas de cimas planas ¡parecen hogazas gigantes!

Clima y estaciones

El clima de Cuba es cálido y húmedo, con **vientos alisios** del oeste. Soplan en la misma dirección todo el tiempo. Mantienen a Cuba más fresco que la mayoría de los demás países tropicales. La temperatura promedio es de 77°F (25°C).

En el clima húmedo de Cuba crecen espesas selvas tropicales.

Los visitantes gozan la arena suave y las aguas transparentes de Varadero, conocida como Playa Azul. ¿Por qué crees que la llaman así?

Los huracanes a menudo llevan a la costa vientos y lluvias fuertes, y olas altas.

Cuba tiene dos estaciones: seca y lluviosa. La estación soleada y seca va de noviembre a abril. Durante estos meses, la falta de lluvia causa **sequías**. Hay poca agua para beber y cultivar.

La estación lluviosa va de mayo a octubre. Llueve un poco casi a diario. Las tormentas tropicales acarrean vientos fuertes y lluvias. Las tormentas dañan tierras, cultivos y edificios.

¿Lo sabías?

Los huracanes en general ocurren sobre aguas tropicales cálidas, como las de Cuba. Cada uno o dos años llega un huracán. Los vientos pueden ocasionar grandes olas que inundan la costa.

Los cubanos

En Cuba viven más de 11 millones de personas. Primero vivieron nativos ahí. Luego España gobernó Cuba por unos 400 años. Trajo esclavos de África. La mayoría de los cubanos son una mezcla de estos orígenes. El español es el idioma principal.

Cuba es un país **comunista**. No existen elecciones libres. El gobierno controla cuánto dinero puede ganar la gente. Posee la mayoría de la tierra y los negocios.

¿Lo sabías?

Cada año, muchos huyen o se van de Cuba por barco. Tratan de llegar a Estados Unidos para buscar calidad de vida.

Muchos cubanos usan ropa informal de estilo occidental. En fiestas y festivales a veces las mujeres usan ropa tradicional de colores brillantes.

Estas niñas se divierten en un desfile.

Los antepasados de la mayoría de los cubanos eran de España y África.

El gobierno le da a la gente servicios de educación y salud gratuitos. También alimentos y casas de bajo costo.

En los últimos 50 años no siempre hubo libertad religiosa. Sin embargo, hoy los cubanos pueden ir a la iglesia. Cuatro de cada 10 son católicos romanos. Hay protestantes y pocos judíos. Otros practican la Santería. Es una mezcla de catolicismo y creencias tradicionales africanas.

11

Escuela y familia

La educación es importante en Cuba. Los niños tienen que ir a la escuela de los 6 a los 16 años. Las escuelas públicas son gratuitas. No hay escuelas privadas.

Los niños van a la primaria hasta los 12 años. Estudian matemáticas, historia y lectura. También estudian inglés. Luego van a la secundaria. La mayoría de los adolescentes viven en **internados**

En la escuela, los estudiantes aprenden computación.

Hay niñas que van a pie a las escuelas de La Habana.

Esta familia disfruta la música y el baile ¡en casa!

en zonas rurales. Los estudiantes tienen que trabajar cierto tiempo en el campo.

La mayoría de las familias son pequeñas, con uno o dos hijos. Las leyes dicen que hombres y mujeres tienen los mismos derechos y obligaciones en el trabajo, en casa y con los hijos. Muchas mujeres trabajan fuera del hogar. Casi la mitad de los médicos y científicos son mujeres.

Vida rural

La mayoría de los cubanos que viven en el campo trabajan en granjas pequeñas. Los cultivos crecen bien en su tierra rica. Cultivan frutas y verduras y crían ganado.

La mayoría de las granjas grandes son del gobierno. Los principales **cultivos comerciales** son caña de azúcar, tabaco y café. (Estos cultivos no los consumen los granjeros.) El tabaco se usa para hacer cigarros. Cuba los **exporta**, los vende y manda a otros países.

Este trabajador corta la caña de azúcar. La caña de azúcar es el cultivo más importante de Cuba.

¿Lo sabías?

Las cañas de azúcar se prensan y se les retira el jugo para hacer azúcar. La pulpa se usa para producir electricidad. También se hace papel con ella.

Botes pesqueros atracan en el puerto de La Habana.

En la costa, algunas personas pescan para vivir. Flotas de barcos pesqueros pescan atún, langosta y camarón.

Vida urbana

Ocho de cada 10 cubanos viven en ciudades. Más de 2 millones viven en La Habana, la capital. Es la ciudad más grande de Cuba. ¡Algunos de los fuertes y castillos tienen 500 años de antigüedad! Muchos edificios en la parte vieja necesitan reparación.

Pocos autos y autobuses circulan por las calles de La Habana. La mayoría de la gente no puede comprar auto propio.

Sectores de la capital tienen avenidas y edificios altos y modernos.

Muchos artículos se venden en la Calle del Mercado. Esta parte se conoce como La Habana Vieja.

La Habana tiene también hoteles, oficinas y museos modernos. Es el hogar del famoso Ballet Nacional de Cuba. La ciudad tiene muchos parques y plazas.

La Habana también es un **puerto** concurrido. Los artículos entran y salen de Cuba por La Habana.

La segunda ciudad más grande es Santiago de Cuba, al sureste. Se encuentra entre altas colinas sobre una gran bahía. Es un puerto concurrido con muchos edificios históricos.

Casas cubanas

Muchos cubanos tienen casa propia. Algunas casas necesitan reparación. También hay escasez de casas nuevas. Es caro traer materiales de construcción a Cuba por barco desde países lejanos. Estados Unidos es un vecino cercano. Debido a desacuerdos del pasado, no permite el comercio con Cuba.

En el campo, muchas personas viven en chozas pequeñas de madera con pisos de tierra. Se llaman **bohíos**. Tienen **techos**

Las casas en el pueblo de Trinidad, Cuba, están pintadas de colores brillantes con techos de teja roja.

de palma. Otras casas son de ladrillo o cemento. Algunas no tienen cañerías ni luz.

En las ciudades, algunas personas rentan apartamentos que son propiedad del gobierno. Muchos edificios están sobrepoblados y descuidados. No cuestan mucho. A veces dos familias comparten un apartamento pequeño.

En las ciudades, hay quien vive en apartamentos. Le gusta sentarse en los balcones.

En el campo, la mayoría vive en chozas pequeñas de techos de palma.

¿Lo sabías?

La mayoría de los bohíos tienen sólo dos cuartos. La cocina está en otra choza.

Comida cubana

No hay mucha comida en Cuba. El gobierno la **raciona**. La da en pequeñas cantidades para que todos tengan. Hay que hacer filas para comprar arroz, frijoles, carne y huevos en las tiendas llamadas **bodegas**. Algunos cubanos también compran en los mercados al aire libre, donde es más caro.

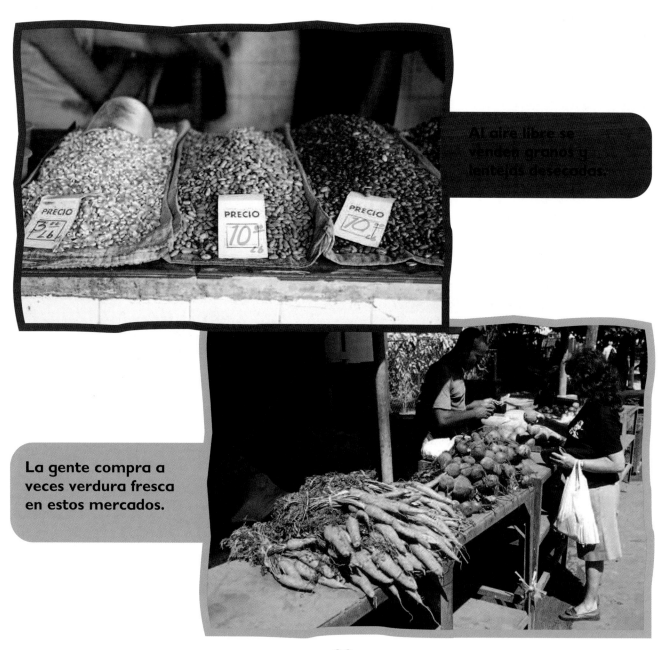

Al aire libre se venden granos y lentejas desecadas.

La gente compra a veces verdura fresca en estos mercados.

Es común comer frijoles negros con arroz.

La mayoría de los cubanos comen mucho arroz y frijoles. También comen boniato, un tipo de camote. Los cocidos picantes, hechos con ajo, chile y cebolla son comunes. El picadillo es un plato con carne de res, tomates y aceitunas. Comen frutas como mangos y plátanos. El café es una bebida popular con cada alimento.

¿Lo sabías?

A los frijoles negros se les llama "moros" a veces. Se usan en muchos platos cubanos, sobre todo en sopas.

El trabajo

La agricultura una vez fue el mayor negocio en Cuba. Sin embargo, hoy mucha gente trabaja en el **turismo**. Los visitantes de todo el mundo van a Cuba a disfrutar sus playas. Nadan, navegan, pescan y bucean. Muchos cubanos trabajan en hoteles y restaurantes. Son taxistas o guías de turistas. Pero, Estados Unidos no permite a sus ciudadanos viajar a Cuba por la mala relación que tiene con su gobierno.

El turismo es un gran negocio en Cuba. Se trabaja como cocineros o meseros en restaurantes, como el que aquí se muestra.

Un granjero cosecha la caña. La mayoría de la maquinaria agrícola es vieja. Muchas veces se cosecha a mano.

Hay quien trabaja en clínicas u hospitales. Los cubanos reciben servicios de salud gratis.

Algunos cubanos trabajan en tiendas, bancos u oficinas. Otros son doctores o enfermeras. Son maestros u obreros. También trabajan en minas y aserraderos. Los **recursos naturales** incluyen cobre y madera. Cuba exporta caña de azúcar, un metal llamado niquel y cigarros.

23

La diversión

La **salsa** es un baile rápido de fuerte ritmo muy popular en Cuba. A los cubanos también les gusta el jazz. Hay muchos jazzistas cubanos famosos.

El béisbol llegó a Cuba hace unos 150 años. Lo llevaron los marineros estadounidenses y los cubanos que habían vivido en Estados Unidos.

¿Lo sabías?

Cuba ha ganado muchas medallas olímpicas de oro en el boxeo.

¡Tanto a los niños estadounidenses, como a los cubanos les encanta jugar béisbol!

La gente renta veleros en las playas hermosas.

Estos músicos tocan tambores tradicionales.

El béisbol es el deporte número uno en Cuba. Los cubanos están muy orgullosos de su equipo nacional. También les gusta el básquetbol, el voleibol y el fútbol. Cubanos de todas las edades practican deportes en parques y calles.

En el verano, los cubanos celebran un festival llamado Carnaval. Marca el final de la cosecha de la caña. La gente disfruta de música, juegos artificiales, desfiles de carrozas y bailarines disfrazados. En Santiago de Cuba y La Habana tienen lugar fiestas animadas.

Cuba: Datos

- El nombre oficial de Cuba es la República de Cuba.

- Cuba es un país comunista. La mayoría de los negocios son del gobierno. El gobierno también controla la educación, la salud y el transporte.

- Cuba celebra el Día de la Liberación el 1° de enero. La fiesta señala el día en que, en 1959, los rebeldes, guiados por Fidel Castro, derrocaron al gobierno del país. Castro gobernó Cuba de 1959 a febrero de 2008.

- En 2008, Raúl, hermano de Fidel, fue elegido como presidente. El presidente es el **jefe de estado** y encabeza el gobierno.

La bandera de Cuba tiene tres franjas azules y dos blancas. Una estrella blanca sobre un triángulo rojo se encuentra a la izquierda de la bandera.

• La Asamblea Nacional del Poder Popular elabora las leyes del país y elige a sus líderes.

• En 1962 Estados Unidos dejó de intercambiar mercancías con Cuba. El gobierno de E.U.A. lo hizo porque desaprobó las acciones de Cuba.

• El explorador Cristóbal Colón llegó a Cuba en 1492. España gobernó Cuba durante más de 400 años.

Fidel Castro (izq.) gobernó Cuba de 1959 a 2008. En febrero de 2008 su hermano Raúl Castro se convirtió en presidente.

La moneda de Cuba es el **peso**.

Glosario

antepasados — miembros de la familia que vivieron en el pasado

arrecifes coralinos — esqueletos de animales pequeños llamados pólipos de coral que vivieron en el mar cálido, a menudo cerca de la orilla

bodegas — tiendas del gobierno donde los cubanos compran alimentos a precios bajos

bohíos — pequeñas chozas de madera con techos de palma

comunista — sistema de gobierno en el que rige un partido. El gobierno es dueño de la mayoría de las empresas y controla mercancías y servicios.

costas — áreas de tierra a lo largo de extensiones de agua como océanos y mares

cultivos comerciales — cultivos que se venden para ganar dinero

exporta — vende y embarca artículos a otros países

internados — escuelas en las que viven los niños lejos de casa

jefe de estado — el representante principal de un país

peso — unidad monetaria de Cuba

puerto — pueblo o ciudad a la orilla del océano o mar donde entran y salen productos

racionar — limitar las cantidades de alimentos u otros artículos, a menudo porque hay escasez de suministros

recursos naturales — cosas dadas por la naturaleza como petróleo y madera, que usa la gente

salsa — baile rápido y rítmico popular en los países latinoamericanos

sequías — largos períodos sin lluvia que pueden ocasionar escasez de agua y dañar cultivos

techo de palma — tejido de pasto, hojas de palma o paja

tropical — con clima caluroso y húmedo

turismo — la industria de servir al turista o personas que viajan por placer

vientos alisios — vientos que soplan en una dirección en el mar

Para más información

Enchanted Learning: Central America and the Caribbean
www.littleexplorers.com/geography/centamer

Enchanted Learning: Coral Reef Animal Printouts
www.enchantedlearning.com/biomes/coralreef/coralreef.shtml

Fact Monster: Cuba
www.factmonster.com/country/profiles/cuba.html

National Geographic Magazine: Cuba Naturally
ngm.nationalgeographic.com/ngm/0311/feature4/index.html

Nota del editor para educadores y padres: Nuestros editores han revisado meticulosamente estos sitios Web para asegurarse de que sean apropiados para niños. Sin embargo, muchos sitios Web cambian con frecuencia, y no podemos asegurar que el contenido futuro de los sitios seguirá satisfaciendo nuestros estándares altos de calidad y valor educativo. Se le advierte que se debe supervisar estrechamente a los niños siempre que tengan acceso al Internet.

Mi mapa de Cuba

Fotocopia o calca el mapa de la página 31. Después escribe los nombres de los países, extensiones de agua, ciudades, provincias y territorios que se listan a continuación. (Mira el mapa que aparece en la página 5 si necesitas ayuda.)

Después de escribir los nombres de todos los lugares, ¡colorea el mapa con crayones!

Países
Bahamas
Cuba
Estados Unidos
Haití
Jamaica

Extensiones de agua
golfo de México
mar Caribe
océano Atlántico

Ciudades
Cayo Hueso, Florida (E.U.A.)
La Habana
Santiago de Cuba
Trinidad
Varadero

Islas y montañas
Isla de la Juventud
Pico Turquino

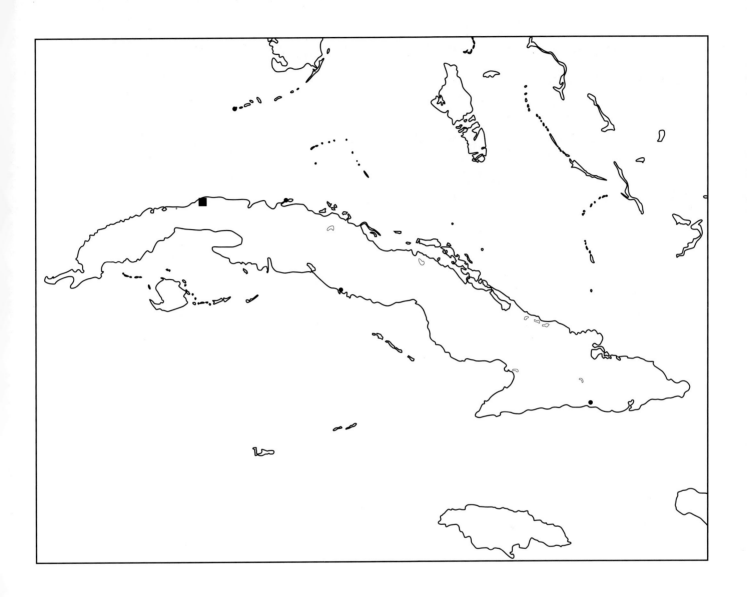

Índice